Ejercicios Prácticos para Dominar Pandas

Desde Cero

Índice

Introducción:

Pandas es una poderosa biblioteca de Python que facilita la manipulación y el análisis de datos. Desde su introducción, se ha convertido en un pilar fundamental para cualquier persona que trabaje con datos en Python. Este libro de ejercicios está diseñado para ayudarte a perfeccionar tus habilidades en Pandas a través de una serie de desafíos prácticos y aplicados.

¿Qué encontrarás en este libro?

> Ejercicios Variados: Desde la carga y manipulación de datos hasta el análisis estadístico y la visualización, cada ejercicio está diseñado para abordar un aspecto particular de Pandas.
> Datos Realistas: Utilizamos conjuntos de datos ficticios pero realistas para que puedas aplicar los conceptos aprendidos en situaciones que podrías enfrentar en entornos laborales reales.
> Explicaciones Detalladas: Cada ejercicio viene con explicaciones paso a paso que te guiarán a través del proceso de resolución, desde la carga inicial de datos hasta la presentación de resultados.
> Gráficos y Visualizaciones: Aprenderás cómo representar tus datos de manera efectiva utilizando gráficos y visualizaciones, explorando diferentes tipos de gráficos para comunicar tus hallazgos.
> Ejemplos de Uso Real: Además de los ejercicios, encontrarás ejemplos que ilustran cómo Pandas se utiliza en entornos profesionales para resolver problemas del mundo real.

¿Para quién es este libro?

Este libro está destinado a cualquier persona interesada en el análisis de datos, desde principiantes hasta usuarios intermedios de Pandas. Si deseas mejorar tu manejo de datos, comprender mejor las estructuras de Pandas y obtener una práctica sólida en su uso, ¡este libro es para ti!

Nota final:

Dominar Pandas no solo te convierte en un mejor analista de datos, sino que también te permite explorar, transformar y visualizar datos de manera eficiente. Este libro de ejercicios te proporcionará las herramientas necesarias para convertirte en un experto en manipulación y análisis de datos con Pandas.

¿Qué es Pandas y por qué es importante en el análisis de datos?

Pandas es una biblioteca de Python utilizada para manipular y analizar datos de manera eficiente y fácil. Fue creada por Wes McKinney en 2008 y se ha convertido en una herramienta fundamental para los científicos de datos, analistas y desarrolladores debido a su capacidad para trabajar con datos tabulares y series temporales de manera intuitiva.

Características clave de Pandas:

- Estructuras de datos flexibles: Pandas proporciona dos estructuras de datos principales: las Series (datos unidimensionales etiquetados) y los DataFrames (datos bidimensionales etiquetados). Estas estructuras permiten representar y trabajar con datos de manera similar a una hoja de cálculo, lo que facilita su manipulación y análisis.
- Manipulación y limpieza de datos: Pandas ofrece un conjunto amplio de herramientas para limpiar, transformar y manipular datos. Esto incluye la capacidad de eliminar valores faltantes, reorganizar filas y columnas, así como filtrar y seleccionar datos específicos.
- Integración con otras bibliotecas: Pandas se integra bien con otras bibliotecas populares en el ecosistema de Python, como NumPy, Matplotlib y Scikit-Learn. Esta capacidad de integración facilita el análisis de datos, la visualización y la construcción de modelos de machine learning.
- Análisis exploratorio de datos: Facilita la generación de estadísticas descriptivas, la visualización de datos y la realización de análisis exploratorios para comprender mejor la estructura y la distribución de los datos.

Importancia en el análisis de datos:

- Facilidad de uso y productividad: Pandas simplifica muchas tareas complejas de manipulación de datos, lo que permite a los analistas y científicos de datos realizar sus tareas de manera más eficiente.
- Preprocesamiento de datos: Antes de aplicar algoritmos de machine learning o realizar análisis estadísticos, es crucial limpiar y preparar los datos. Pandas ofrece herramientas poderosas para este propósito.
- Visualización y presentación de datos: La integración con bibliotecas de visualización como Matplotlib y Seaborn permite crear gráficos y visualizaciones de datos de manera sencilla.
- Análisis y modelado de datos: Pandas proporciona las herramientas necesarias para realizar análisis de datos detallados y construir modelos predictivos sobre datos estructurados.

En resumen, Pandas es esencial en el análisis de datos porque simplifica tareas complejas, permite un manejo eficiente de datos estructurados y facilita el proceso de tomar decisiones informadas basadas en datos.

Estructuras de datos en Pandas: Series y DataFrames

Series:

- Una Serie es una estructura de datos unidimensional etiquetada y homogénea en Pandas.
- Se puede pensar en una Serie como una columna de una tabla, que contiene datos de un solo tipo (numéricos, cadenas, booleanos, etc.).
- Cada elemento en una Serie tiene una etiqueta asociada, conocida como índice, que puede ser personalizado o generado automáticamente.

```python
import pandas as pd

# Crear una Serie de datos
serie = pd.Series([10, 20, 30, 40, 50])
```

Resultado:

```
0    10
1    20
2    30
3    40
4    50
dtype: int64
```

DataFrames:

- Un DataFrame es una estructura de datos bidimensional etiquetada y heterogénea en Pandas, similar a una tabla de base de datos o una hoja de cálculo.
- Está compuesto por filas y columnas, donde cada columna puede contener diferentes tipos de datos.
- Los DataFrames pueden ser creados a partir de diccionarios, listas, arrays u otros DataFrames.

```python
# Crear un DataFrame a partir de un diccionario
data = {'Nombre': ['Alice', 'Bob', 'Charlie'],
        'Edad': [25, 30, 35],
        'Ciudad': ['NY', 'LA', 'SF']}
df = pd.DataFrame(data)
```

Resultado:

```
   Nombre  Edad Ciudad
0   Alice    25     NY
1     Bob    30     LA
2 Charlie    35     SF
```

Diferencias entre Series y DataFrames:

- Una Serie es una estructura unidimensional, mientras que un DataFrame es bidimensional.
- Las Series contienen solo una columna de datos, mientras que los DataFrames pueden contener múltiples columnas.
- Los métodos y atributos de manipulación difieren ligeramente entre Series y DataFrames debido a sus dimensiones y usos.

Uso común:

- Las Series son útiles para manipular una única columna de datos, mientras que los DataFrames son ideales para representar conjuntos de datos completos con múltiples variables.

Importancia:

- Las Series y los DataFrames son la base de Pandas y se utilizan ampliamente en el análisis de datos para manipular, limpiar, transformar y analizar datos de manera eficiente y conveniente.

Estas estructuras de datos son fundamentales en Pandas y proporcionan la capacidad de trabajar con datos de manera flexible y eficiente, facilitando el análisis y la manipulación de datos en Python.

Instalación y configuración de Pandas.

La instalación de Pandas es bastante sencilla si ya tienes Python instalado. Aquí tienes los pasos básicos para instalar Pandas y algunas recomendaciones:

1. Instalación usando pip:

Si estás utilizando pip (el administrador de paquetes de Python), puedes instalar Pandas ejecutando el siguiente comando en tu terminal o símbolo del sistema:

```
pip install pandas
```

2. Instalación con entornos virtuales:

Es una buena práctica crear entornos virtuales para tus proyectos de Python. Puedes usar `virtualenv` o `conda` para gestionar tus entornos. Asegúrate de activar tu entorno virtual antes de instalar Pandas para evitar conflictos con otras bibliotecas.

3. Verificación de la instalación:

Después de la instalación, puedes verificar si Pandas se instaló correctamente abriendo un intérprete de Python o un Jupyter Notebook e importando Pandas:

```
import pandas as pd
```

Si no se genera ningún error al importar Pandas, significa que la instalación fue exitosa.

Consideraciones:

- Se recomienda utilizar herramientas como Anaconda o Miniconda si estás comenzando con Python y el análisis de datos. Estas distribuciones incluyen Pandas, junto con otras bibliotecas populares, facilitando la instalación y gestión de paquetes.
- Asegúrate de tener una versión actualizada de Python para garantizar la compatibilidad con las últimas versiones de Pandas y otras bibliotecas.

Siguiendo estos pasos, podrás instalar Pandas y empezar a trabajar con esta poderosa biblioteca para el análisis de datos en Python.

Cómo instalar Pandas en Visual Studio Code

Instalar Pandas en Visual Studio Code es un proceso sencillo, sigue estos pasos:

Paso 1: instalar Python
Antes de poder instalar Pandas, debe tener Python instalado en su computadora. Si aún no lo ha hecho, puede descargar la última versión de Python desde el sitio web oficial de Python (https://www.python.org/downloads/). Asegúrese de descargar la versión que coincida con su sistema operativo (Windows, macOS o Linux).

Paso 2: abra el código de Visual Studio
Una vez que haya instalado Python, puede abrir Visual Studio Code. Si aún no lo tiene instalado, puede descargarlo desde el sitio web oficial de Visual Studio Code (https://code.visualstudio.com/download).

Paso 3: abre la terminal
En Visual Studio Code, haga clic en la pestaña Terminal en la parte superior de la pantalla. Esto abrirá una nueva ventana de terminal en la parte inferior de la pantalla.

Paso 4: Instalar Pandas

En la ventana de la terminal, escriba el siguiente comando para instalar
Pandas:

```
pip instalar pandas
```

Esto descargará e instalará la última versión de Pandas desde el Índice de
paquetes de Python (PyPI). Dependiendo de la velocidad de su conexión a
Internet, este proceso puede tardar unos minutos. También puedes elegir la
versión específica de Pandas que deseas instalar escribiendo el siguiente
comando:

`pip install pandas==2.1.1 #` este comando instalará la versión 2.1.1 de
Pandas en su computadora.

Paso 5: verificar la instalación
Una vez que se completa la instalación, puede verificar que Pandas se haya
instalado correctamente escribiendo el siguiente comando en la ventana de
la terminal:

```
python -c "importar pandas; imprimir (pandas.__versión__)"
```

Esto imprimirá el número de versión de Pandas que acabas de instalar, ya
sea la última versión o la específica que definiste. Si ve un número de
versión, entonces Pandas se ha instalado correctamente.

Pandas ofrece métodos sencillos para cargar datos desde diferentes
fuentes, como archivos CSV, Excel y bases de datos, entre otros. Aquí tienes
ejemplos de cómo cargar datos desde distintas fuentes:

Carga de datos en Pandas desde archivos CSV, Excel y otras fuentes.

1. Carga de datos desde un archivo CSV:

Puedes cargar datos desde un archivo CSV utilizando la función `read_csv` de Pandas:

```python
import pandas as pd

# Cargar datos desde un archivo CSV
datos_csv = pd.read_csv('archivo.csv')
```

2. Carga de datos desde un archivo Excel:

Si el archivo está en formato Excel, puedes utilizar `read_excel`:

```python
# Cargar datos desde un archivo Excel
datos_excel = pd.read_excel('archivo.xlsx')
```

3. Carga de datos desde un archivo JSON:

Pandas también puede cargar datos desde archivos JSON usando `read_json`:

```python
# Cargar datos desde un archivo JSON
datos_json = pd.read_json('archivo.json')
```

4. Carga de datos desde una URL:

Incluso puedes cargar datos directamente desde una URL:

```python
# Cargar datos desde una URL
url = 'https://ruta-del-archivo.csv'
datos_desde_url = pd.read_csv(url)
```

5. Carga de datos desde una base de datos:

Para cargar datos desde una base de datos, Pandas proporciona varias
funciones, como `read_sql` para conectarse a una base de datos SQL y
cargar datos desde una consulta.

```python
import sqlite3

# Conexión a una base de datos SQLite
conexion = sqlite3.connect('archivo.db')

# Cargar datos desde una consulta SQL
datos_desde_db = pd.read_sql('SELECT * FROM tabla', conexion)
```

Estos son solo algunos ejemplos básicos de cómo cargar datos desde
diferentes fuentes utilizando Pandas. Dependiendo de tus necesidades y del
tipo de fuente de datos, Pandas ofrece una variedad de métodos para
cargar datos de manera conveniente y eficiente.

Exploración inicial de datos: visualización, información y descripción del DataFrame.

Para explorar inicialmente los datos en un DataFrame de Pandas, existen varias funciones útiles que proporcionan información básica sobre el conjunto de datos. Aquí hay algunas:

1. Visualización de las primeras filas del DataFrame:

Puedes usar `head()` para ver las primeras filas del DataFrame y entender cómo se ven los datos.

```python
import pandas as pd


# Suponiendo que "df" es tu DataFrame

print(df.head())
```

2. Información del DataFrame:

La función `info()` proporciona información sobre el DataFrame, incluyendo el tipo de datos de cada columna y si hay valores nulos.

```python
print(df.info())
```

3. Estadísticas resumidas del DataFrame:

La función `describe()` genera estadísticas descriptivas para columnas numéricas en el DataFrame, como la media, la desviación estándar, el mínimo, el máximo, etc.

```
print(df.describe())
```

4. Conteo de valores únicos en una columna:

Usa `value_counts()` para obtener un conteo de los valores únicos en una columna específica.

```
print(df['Nombre_Columna'].value_counts())
```

5. Visualización básica de datos:

Para una exploración visual rápida, puedes utilizar bibliotecas como Matplotlib o Seaborn para graficar histogramas, diagramas de dispersión u otros tipos de gráficos para entender mejor los datos.

```
import matplotlib.pyplot as plt


# Suponiendo que quieres un histograma de la columna 'Edad'

df['Edad'].plot(kind='hist')

plt.show()
```

Estas son algunas de las funciones y métodos básicos que pueden ayudarte a obtener una visión general de tus datos al principio del análisis. Dependiendo de tu conjunto de datos y lo que estés buscando, puedes explorar más a fondo con funciones más avanzadas y visualizaciones más detalladas.

Selección y filtrado de datos.

Pandas ofrece métodos flexibles para seleccionar y filtrar datos en un DataFrame. Aquí tienes algunos métodos comunes para realizar selección y filtrado:

1. Selección de columnas:

Puedes seleccionar una o varias columnas especificando sus nombres:

```
# Seleccionar una columna

columna = df['Nombre_Columna']


# Seleccionar múltiples columnas

columnas = df[['Nombre_Columna1', 'Nombre_Columna2']]
```

2. Selección de filas por índice:

Puedes usar `loc[]` para seleccionar filas basadas en sus índices:

```
# Seleccionar una fila por índice

fila = df.loc[3]


# Seleccionar un rango de filas

rango_filas = df.loc[2:5]


# Seleccionar filas con condiciones

condiciones = df.loc[df['Columna'] > 10]
```

3. Filtrado basado en condiciones:

Puedes filtrar los datos utilizando condiciones lógicas:

```
# Filtrar filas basadas en una condición

filtro = df[df['Columna'] > 50]
```

4. Selección con condiciones múltiples:

Puedes combinar condiciones utilizando operadores lógicos & (AND) y | (OR):

```
# Filtrar con condiciones múltiples

filtro_multiple = df[(df['Columna1'] > 50) & (df['Columna2'] < 100)]
```

5. Filtrado basado en valores de texto:

Si buscas valores específicos en columnas de texto:

```
# Filtrar por valores de texto

filtro_texto = df[df['Columna_Texto'].str.contains('Palabra')]
```

Estos son solo algunos ejemplos de cómo seleccionar y filtrar datos en Pandas. La flexibilidad de Pandas te permite realizar una amplia gama de operaciones de selección y filtrado para adaptarse a tus necesidades específicas de análisis de datos.

3. Operaciones con DataFrames

Manipulación de columnas y filas.

En Pandas puedes realizar manipulaciones tanto en columnas como en filas. Aquí te muestro algunos ejemplos de cómo hacerlo:

1. Agregar una nueva columna:

Puedes crear una nueva columna y asignarle valores específicos o realizar cálculos basados en otras columnas:

```python
# Crear una nueva columna con valores específicos

df['Nueva_Columna'] = [1, 2, 3, 4, 5]



# Crear una nueva columna basada en cálculos de otras columnas

df['Suma_Columnas'] = df['Columna1'] + df['Columna2']
```

2. Eliminar columnas:

Para eliminar columnas existentes:

```python
# Eliminar una columna

df.drop('Columna_a_eliminar', axis=1, inplace=True)  # axis=1 indica
que es una columna



# Eliminar múltiples columnas

columnas_a_eliminar = ['Columna1', 'Columna2']
```

```python
df.drop(columnas_a_eliminar, axis=1, inplace=True)
```

3. Modificar valores en filas o columnas:

Puedes actualizar valores existentes en filas o columnas específicas:

```python
# Modificar valores en una fila específica

df.at[1, 'Columna'] = 100



# Modificar valores basados en una condición

df.loc[df['Columna'] > 50, 'Columna'] = 0
```

4. Eliminar filas:

Para eliminar filas específicas:

```python
# Eliminar una fila por índice

df.drop(2, inplace=True)



# Eliminar filas basadas en condiciones

df = df[df['Columna'] > 50]  # Filtra y actualiza el DataFrame solo
con las filas que cumplen la condición
```

Estos son algunos ejemplos básicos de cómo manipular columnas y filas en Pandas. Dependiendo de tus necesidades específicas, existen numerosas funciones y métodos en Pandas para realizar una amplia gama de operaciones de manipulación de datos.

Indexación y Reindexación

La indexación y reindexación en Pandas son herramientas poderosas para trabajar con los índices de filas y columnas en un DataFrame. Aquí tienes información sobre cómo realizar estas operaciones:

1. Indexación en Pandas:

Los DataFrames de Pandas tienen un índice que identifica cada fila. Puedes acceder a filas y columnas utilizando diferentes métodos de indexación.

Acceso a columnas por nombre:

```
columna = df['Nombre_Columna']
```

Acceso a filas por índice:

```
fila = df.loc[2] # Accede a la fila con índice 2
```

Acceso a datos por posición:

```
dato = df.iloc[1, 2] # Accede al dato en la fila 1, columna 2 por posición
```

2. Reindexación en Pandas:

La reindexación se utiliza para cambiar el índice de un DataFrame existente. Puede ser útil para reorganizar datos o agregar filas/columnas con nuevos índices.

Reindexación de filas:

```
# Crear un nuevo índice para el DataFrame
```

```python
nuevo_indice = ['a', 'b', 'c', 'd', 'e']

df_reindexado = df.reindex(nuevo_indice)
```

Reindexación de columnas:

```python
# Crear nuevas columnas con un nuevo índice

nuevas_columnas = ['Columna1', 'Columna2', 'Columna3']

df_reindexado_columnas = df.reindex(columns=nuevas_columnas)
```

La reindexación y la indexación proporcionan flexibilidad para trabajar con los índices en un DataFrame, permitiéndote acceder a datos específicos, reorganizar el DataFrame o agregar nuevos índices según sea necesario.

Ordenamiento y clasificación de datos.

En Pandas puedes ordenar y clasificar tus datos de diversas maneras. Aquí tienes cómo hacerlo:

1. Ordenamiento de filas basado en valores de una columna:

Puedes ordenar tu DataFrame según los valores de una columna específica:

```python
# Orden ascendente según una columna

df_ordenado = df.sort_values('Nombre_Columna')
```

```python
# Orden descendente según una columna

df_ordenado_desc = df.sort_values('Nombre_Columna', ascending=False)
```

2. Ordenamiento basado en múltiples columnas:

Si quieres ordenar por más de una columna:

```python
# Ordenar por múltiples columnas

df_mult_orden = df.sort_values(by=['Columna1', 'Columna2'])
```

3. Ordenamiento basado en el índice:

También puedes ordenar según los índices de las filas:

```python
# Ordenar según el índice

df_orden_indice = df.sort_index()
```

4. Clasificación de valores únicos:

Para obtener los valores únicos ordenados:

```python
# Obtener valores únicos ordenados

valores_unicos = df['Nombre_Columna'].unique()

valores_unicos_ordenados =
df['Nombre_Columna'].sort_values().unique()
```

Estos son algunos ejemplos de cómo puedes ordenar y clasificar datos en un DataFrame de Pandas. El ordenamiento puede ser útil para analizar datos, identificar patrones o preparar los datos para operaciones posteriores.

4. Trabajo con Datos Faltantes

Identificación y manejo de valores nulos o faltantes.

El manejo de valores nulos o faltantes es fundamental en el análisis de datos. Pandas ofrece métodos para identificar y manejar estos valores. Aquí te muestro algunas técnicas para trabajar con valores nulos:

1. Identificación de valores nulos:

Puedes identificar los valores nulos en un DataFrame utilizando `isnull()` o `notnull()`:

```
# Verificar si hay valores nulos en todo el DataFrame

df.isnull()
```

```
# Verificar si hay valores no nulos en todo el DataFrame

df.notnull()
```

```
# Verificar si hay valores nulos en una columna específica

df['Nombre_Columna'].isnull()
```

2. Conteo de valores nulos por columna:

Para contar la cantidad de valores nulos por columna:

```
# Contar valores nulos por columna
```

```python
df.isnull().sum()
```

3. Eliminación de filas o columnas con valores nulos:

Puedes eliminar filas o columnas que contengan valores nulos utilizando `dropna()`:

```python
# Eliminar filas con valores nulos

df_sin_nulos = df.dropna()


# Eliminar columnas con valores nulos

df_sin_nulos_columnas = df.dropna(axis=1)
```

4. Relleno de valores nulos:

Puedes rellenar los valores nulos con un valor específico utilizando `fillna()`:

```python
# Rellenar valores nulos con un valor específico

df_rellenado = df.fillna(valor)
```

5. Interpolación de valores nulos:

La interpolación puede utilizarse para estimar los valores nulos en función de los valores existentes:

```python
# Interpolar valores nulos linealmente

df_interpolado = df.interpolate()
```

Estas son algunas formas comunes de identificar y manejar valores nulos en Pandas. Es importante manejar los valores nulos de manera adecuada para evitar distorsiones en los análisis o modelos basados en datos. La elección de la técnica dependerá del contexto y la naturaleza de tus datos.

Eliminación y reemplazo de valores faltantes.

Para eliminar o reemplazar valores faltantes en Pandas, existen métodos específicos que te permiten realizar estas acciones de manera efectiva. Aquí tienes ejemplos de cómo eliminar y reemplazar valores faltantes:

1. *Eliminar valores faltantes:*

Puedes eliminar filas o columnas que contienen valores faltantes utilizando `dropna()`:

- Eliminar filas con al menos un valor nulo:

```
df_sin_nulos = df.dropna()
```

- Eliminar columnas con al menos un valor nulo:

```
df_sin_nulos_columnas = df.dropna(axis=1)
```

2. Rellenar valores faltantes:

Para reemplazar los valores faltantes por un valor específico, puedes utilizar
`fillna()`:

- Rellenar todos los valores nulos con un valor específico:

```
df_rellenado = df.fillna(valor)
```

- Rellenar valores nulos con el valor anterior en la columna:

```
df_fill_anterior = df.fillna(method='ffill')
```

- Rellenar valores nulos con el valor siguiente en la columna:

```
df_fill_siguiente = df.fillna(method='bfill')
```

- Rellenar valores nulos utilizando la interpolación:

```
df_interpolado = df.interpolate()
```

Estos métodos te permiten manejar los valores faltantes de manera efectiva, ya sea eliminándolos o reemplazándolos con valores específicos, utilizando el método más adecuado según tus necesidades y el contexto de tus datos.

5. Operaciones Avanzadas con Pandas

Agrupación y agregación de datos.

La agrupación y agregación en Pandas permiten resumir y analizar datos basándose en ciertos criterios. Estos métodos son útiles para calcular estadísticas resumidas o realizar operaciones en subconjuntos de datos. Aquí tienes algunos ejemplos:

1. Agrupación de datos:

Puedes agrupar datos utilizando la función `groupby()`, que te permite dividir los datos en grupos basados en valores de columnas específicas:

```python
# Agrupar por una columna y obtener un objeto GroupBy

grupo = df.groupby('Columna')


# Agrupar por múltiples columnas

grupo_multiple = df.groupby(['Columna1', 'Columna2'])
```

2. Aplicación de funciones de agregación:

Una vez que has agrupado los datos, puedes aplicar funciones de agregación como `sum()`, `mean()`, `min()`, `max()`, entre otras:

```python
# Aplicar funciones de agregación
```

```python
suma_por_grupo = grupo['Columna'].sum()

promedio_por_grupo = grupo['Columna'].mean()

minimo_por_grupo = grupo['Columna'].min()


maximo_por_grupo = grupo['Columna'].max()
```

3. Aplicación de múltiples funciones de agregación:

También puedes aplicar múltiples funciones de agregación al mismo tiempo utilizando `agg()`:

```python
# Aplicar múltiples funciones de agregación

resultados = grupo['Columna'].agg(['sum', 'mean', 'min', 'max'])
```

4. Personalización de funciones de agregación:

Puedes definir tus propias funciones de agregación y aplicarlas:

```python
# Definir una función personalizada

def funcion_personalizada(x):

    return x.max() - x.min()


# Aplicar la función personalizada

resultado_personalizado =
grupo['Columna'].agg(funcion_personalizada)
```

Estos son algunos ejemplos básicos de cómo puedes utilizar la agrupación y agregación en Pandas para realizar resúmenes estadísticos y operaciones sobre diferentes grupos de datos en un DataFrame.

Transformaciones de datos: aplicar, map, y funciones lambda.

Las transformaciones de datos en Pandas, como `apply`, `map` y funciones lambda, son útiles para aplicar operaciones a columnas o filas de un DataFrame. Aquí te muestro cómo funcionan:

1. Método `apply`:

`apply` se utiliza para aplicar una función a lo largo de un eje de un DataFrame.

- **Aplicar una función a una columna:**

```python
# Definir una función

def funcion(x):

    return x * 2



# Aplicar la función a una columna

df['Columna_transformada'] =
df['Columna_original'].apply(funcion)
```

2. *Método* `map`:

`map` se usa principalmente para transformar valores de una serie basándose en un diccionario o una función.

- **Transformar valores utilizando un diccionario:**

```
# Crear un diccionario de mapeo
diccionario_mapeo = {'A': 1, 'B': 2, 'C': 3}

# Aplicar el mapeo a una columna
df['Nueva_columna'] = df['Columna'].map(diccionario_mapeo)
```

3. *Funciones lambda:*

Las funciones lambda son funciones anónimas que se definen en una línea.

- Usar una función lambda en combinación con `apply`:

```
# Aplicar una función lambda a una columna

df['Columna_transformada'] = df['Columna_original'].apply(lambda x: x
* 2)
```

Estas técnicas son útiles para realizar transformaciones personalizadas en los datos de un DataFrame, ya sea aplicando funciones definidas, mapeando valores a través de diccionarios o utilizando funciones lambda para operaciones simples y rápidas.

Combinación y concatenación de DataFrames.

en Pandas, la combinación y concatenación de DataFrames son operaciones
esenciales para unir datos de diferentes fuentes o combinar datos en función
de criterios específicos. Aquí tienes cómo realizar estas operaciones:

1. Concatenación de DataFrames:

`pd.concat()` se usa para concatenar DataFrames a lo largo de un eje.

- Concatenar por filas (apilar DataFrames verticalmente):

```python
# Concatenar DataFrames por filas
df_concatenado = pd.concat([df1, df2])
```

En Pandas, la combinación y concatenación de DataFrames son operaciones
esenciales para unir datos de diferentes fuentes o combinar datos en función
de criterios específicos. Aquí tienes cómo realizar estas operaciones:

1. Concatenación de DataFrames:

`pd.concat()` se usa para concatenar DataFrames a lo largo de un eje.

- Concatenar por filas (apilar DataFrames verticalmente):

```python
# Concatenar DataFrames por filas
df_concatenado = pd.concat([df1, df2])
```

- Concatenar por columnas (unir DataFrames horizontalmente):

```python
# Concatenar DataFrames por columnas
df_concatenado_columnas = pd.concat([df1, df2], axis=1)
```

2. Combinación de DataFrames:

Pandas ofrece funciones como merge() para combinar DataFrames similar a la operación JOIN en SQL.

- Combinación basada en columnas comunes:

```python
# Combinar DataFrames basado en una columna común
df_combinado = pd.merge(df1, df2, on='Columna_comun')
```

- Tipos de combinación (inner, outer, left, right):

```python
# Tipos de combinación
df_inner = pd.merge(df1, df2, on='Columna_comun', how='inner')


df_outer = pd.merge(df1, df2, on='Columna_comun', how='outer')
df_left = pd.merge(df1, df2, on='Columna_comun', how='left')
df_right = pd.merge(df1, df2, on='Columna_comun', how='right')
```

Estas operaciones son útiles para combinar DataFrames de diferentes maneras, ya sea apilándolos verticalmente, uniendo columnas o combinando DataFrames utilizando columnas comunes, proporcionando una amplia gama de opciones para trabajar con conjuntos de datos complejos.

6. Análisis Exploratorio de Datos con Pandas

Estadísticas descriptivas.

En Pandas, puedes obtener estadísticas descriptivas de un DataFrame
utilizando métodos integrados que te brindan información resumida sobre tus
datos. Aquí tienes algunos ejemplos:

1. Resumen estadístico básico:

Puedes utilizar `describe()` para obtener un resumen estadístico básico de tu
DataFrame, que incluye recuento, media, desviación estándar, mínimo,
percentiles y máximo para columnas numéricas:

```
resumen_estadistico = df.describe()
```

2. Estadísticas por columna:

Puedes aplicar funciones de resumen estadístico a columnas individuales:

```
# Media de una columna
media = df['Nombre_Columna'].mean()

# Mediana de una columna
mediana = df['Nombre_Columna'].median()

# Desviación estándar de una columna
desviacion_estandar = df['Nombre_Columna'].std()



# Mínimo y máximo de una columna
minimo = df['Nombre_Columna'].min()
```

```python
maximo = df['Nombre_Columna'].max()
```

3. Otras estadísticas:

Puedes obtener otras estadísticas específicas según tus necesidades, como la correlación entre columnas (`corr()`), la cantidad de valores únicos (`nunique()`), entre otros.

```python
# Correlación entre columnas
correlacion = df.corr()

# Cantidad de valores únicos en una columna
valores_unicos = df['Nombre_Columna'].nunique()
```

Estos métodos te permiten obtener información rápida y resumida sobre tus datos, lo que puede ser útil para comprender la distribución, tendencias y relaciones dentro de tu conjunto de datos.

Visualización de datos con Pandas y Matplotlib.

La visualización de datos es una parte crucial del análisis de datos. Pandas se integra bien con la biblioteca de visualización Matplotlib para ofrecer herramientas poderosas para crear gráficos y visualizaciones. Aquí hay algunos ejemplos básicos:

1. Gráficos de línea:

```python
import pandas as pd
import matplotlib.pyplot as plt

# Crear un DataFrame de ejemplo
datos = {'Fecha': pd.date_range('2023-01-01', periods=10),
 'Valor': [5, 8, 12, 6, 15, 10, 8, 11, 9, 7]}
df = pd.DataFrame(datos)
```

```python
# Graficar una serie temporal
df.plot(x='Fecha', y='Valor', kind='line', marker='o')


plt.title('Gráfico de Línea')
plt.xlabel('Fecha')
plt.ylabel('Valor')
plt.show()
```


2. Gráficos de barras:

```python
# Graficar un gráfico de barras
df.plot(x='Fecha', y='Valor', kind='bar', color='skyblue')
plt.title('Gráfico de Barras')
plt.xlabel('Fecha')
plt.ylabel('Valor')
plt.show()
```


3. Gráfico de dispersión:

```python
# Graficar un gráfico de dispersión
df.plot(x='Fecha', y='Valor', kind='scatter', color='green')
plt.title('Gráfico de Dispersión')
plt.xlabel('Fecha')
plt.ylabel('Valor')
plt.show()
```


Estos son solo ejemplos básicos. Matplotlib proporciona una variedad de estilos y opciones de personalización para crear visualizaciones más complejas. Además, puedes explorar otras bibliotecas como Seaborn que se integran bien con Pandas para ofrecer visualizaciones más avanzadas con menos código.

7. Manipulación Avanzada de Series y DataFrames

Trabajo con fechas y tiempos.

Aquí tienes una descripción básica de cómo trabajar con fechas y tiempos, manejar datos categóricos, y utilizar pivot tables y melt en Pandas:

Trabajo con fechas y tiempos:

Pandas ofrece el objeto `Datetime` para trabajar con datos de fecha y hora. Puedes convertir columnas a tipos de datos de fecha y hora para realizar operaciones específicas:

```python
import pandas as pd


# Crear un DataFrame de ejemplo con datos de fechas

datos = {'Fecha': ['2023-01-01', '2023-01-02', '2023-01-03'],

 'Valores': [5, 8, 12]}

df = pd.DataFrame(datos)


# Convertir la columna 'Fecha' a tipo datetime

df['Fecha'] = pd.to_datetime(df['Fecha'])


# Acceder a partes específicas de la fecha

df['Año'] = df['Fecha'].dt.year
```

```python
df['Mes'] = df['Fecha'].dt.month

df['Día'] = df['Fecha'].dt.day
```

Manejo de datos categóricos:

Pandas permite trabajar con datos categóricos, lo que puede reducir el uso de memoria y mejorar el rendimiento en algunas operaciones:

```python
# Convertir una columna a datos categóricos

df['Categoria'] = pd.Categorical(df['Categoria'])


# Obtener las categorías y sus códigos asociados

df['Categoria'].cat.categories

df['Categoria'].cat.codes
```

Pivot tables y melt:

Las pivot tables reorganizan y resumen los datos, y melt se utiliza para "deshacer" una pivot table:

```python
# Crear una pivot table

pivot_table = df.pivot_table(values='Valores', index='Año',
columns='Mes')


# Utilizar melt para revertir una pivot table

melted = pivot_table.melt(id_vars='Año', value_name='Valores')
```

Estos son ejemplos básicos de cómo puedes trabajar con fechas y tiempos, manejar datos categóricos y utilizar pivot tables y melt en Pandas para manipular y transformar datos de manera efectiva.

8. Prácticas Avanzadas

Técnicas avanzadas de indexación y selección.

Las técnicas avanzadas de indexación y selección en Pandas, junto con la optimización del rendimiento, son esenciales para manejar grandes conjuntos de datos de manera eficiente. Aquí tienes algunas técnicas y casos de uso:

Indexación avanzada:

- Pandas ofrece varias formas de realizar selecciones más complejas, como indexación booleana, indexación por ubicación (`iloc`) y indexación por etiqueta (`loc`). Por ejemplo:

```python
# Indexación booleana
df[df['Columna'] > 10]
```

```python
# Indexación por ubicación
df.iloc[2:5, 1:3]
```

```python
# Indexación por etiqueta
df.loc[df['Columna'] > 10, ['Columna1', 'Columna2']]
```

Indexación con multiíndices:

- En Pandas, puedes trabajar con DataFrames con multiíndices, lo que permite una indexación jerárquica.

Optimización del rendimiento:

Uso eficiente de la memoria:

- Convertir tipos de datos, como `float64` a `float32` o `int64` a `int32`, puede reducir el uso de memoria.

Vectorización de operaciones:

- Utilizar operaciones vectorizadas de Pandas (evitar bucles) mejora significativamente el rendimiento.

Uso de `apply()` con funciones vectorizadas:

- En lugar de utilizar bucles `for`, puedes aplicar funciones a columnas enteras utilizando `apply()`.

Casos de uso reales y aplicaciones prácticas:

- Análisis de datos financieros: Utilización de Pandas para análisis de datos financieros, como gestión de carteras, cálculos de rendimiento, análisis de riesgos, etc.
- Procesamiento de datos en tiempo real: En aplicaciones que necesitan procesar flujos de datos en tiempo real, Pandas se puede utilizar para manipular y analizar estos datos en tiempo real.
- Ciencia de datos y aprendizaje automático: Pandas es una herramienta fundamental en el preprocesamiento de datos para tareas de aprendizaje automático, como limpieza, manipulación y transformación de datos.

La combinación de técnicas avanzadas de indexación y selección con la optimización del rendimiento permite trabajar eficientemente con grandes volúmenes de datos en Pandas, siendo una herramienta poderosa para una amplia gama de aplicaciones del mundo real.

9. Casos Prácticos y Proyectos

Desarrollo de proyectos con datasets reales.

Trabajar en proyectos con conjuntos de datos reales es una excelente manera de aplicar tus habilidades en Pandas y ciencia de datos. Aquí te dejo una estructura general que podrías seguir al trabajar en un proyecto con datasets reales:

1. Selección del tema:

Elige un tema que te interese y para el cual puedas acceder a datasets reales. Puede ser análisis financiero, salud, redes sociales, entre otros.

2. Adquisición de datos:

Encuentra datasets relevantes y de calidad. Puedes buscar en portales como Kaggle, UCI Machine Learning Repository, datos abiertos de gobiernos, entre otros.

3. Exploración inicial de datos:

Carga los datasets en Pandas y realiza una exploración inicial. Comprueba la calidad de los datos, realiza visualizaciones básicas para comprender su estructura y contenido.

4. Limpieza y preprocesamiento:

Realiza la limpieza de datos: manejo de valores faltantes, eliminación de duplicados, corrección de tipos de datos, entre otros.

5. Análisis exploratorio de datos (EDA):

Realiza un análisis detallado para obtener información relevante. Usa gráficos, estadísticas descriptivas y técnicas de visualización para identificar patrones, correlaciones o características interesantes.

6. Aplicación de modelos o técnicas específicas:

Aplica modelos de aprendizaje automático, si es necesario. Por ejemplo, si estás trabajando en un proyecto de predicción, podrías usar regresión, clasificación, etc.

7. Evaluación y presentación de resultados:

Evalúa el rendimiento de tus modelos o técnicas utilizadas. Presenta los resultados de manera clara y comprensible utilizando visualizaciones, tablas y conclusiones.

8. Documentación y comunicación:

Documenta todo el proceso, desde la adquisición de datos hasta la presentación de resultados. Esto es útil para futuras referencias y para compartir tus hallazgos con otros.

9. Iteración y mejora:

Siempre busca mejorar tu trabajo. Realiza iteraciones adicionales, prueba diferentes enfoques y métodos para mejorar tus resultados.

Recuerda que trabajar en proyectos reales te brinda una experiencia valiosa y te ayuda a desarrollar habilidades prácticas en el campo de la ciencia de datos. Además, compartir tus resultados y aprender de la comunidad también es fundamental para el crecimiento profesional.

Resolución de problemas utilizando Pandas.

La resolución de problemas con Pandas es una parte emocionante de trabajar con ciencia de datos. Aquí tienes una estructura general para resolver problemas utilizando Pandas:

1. Definición del problema:

Comprende claramente cuál es el problema que estás tratando de resolver. ¿Es una limpieza de datos, análisis exploratorio, procesamiento previo para modelos de machine learning, etc.?

2. Exploración de los datos:

Carga tus datos en Pandas y comienza a explorarlos. Utiliza métodos como `head()`, `info()`, `describe()`, entre otros, para entender la estructura y el contenido de los datos.

3. Limpieza de datos:

Limpia tus datos tratando con valores faltantes, valores atípicos, duplicados, y asegurándote de que los tipos de datos sean apropiados para el análisis que vas a realizar.

4. Transformación de datos:

Aplica transformaciones necesarias como normalización, escalado, codificación de variables categóricas, entre otros.

5. Análisis y visualización:

Utiliza métodos de Pandas para realizar análisis exploratorio, generar visualizaciones con Matplotlib o Seaborn para comprender mejor los datos y encontrar patrones relevantes.

6. Manipulación y agregación de datos:

Utiliza métodos de Pandas para realizar operaciones de agrupación, filtrado, indexación avanzada, y otras manipulaciones de datos necesarias para resolver el problema específico.

7. Aplicación de modelos o técnicas:

Si es necesario, aplica modelos de aprendizaje automático o técnicas estadísticas utilizando bibliotecas como Scikit-Learn.

8. Evaluación y validación:

Evalúa tus resultados, mide el desempeño de tus modelos, ajusta parámetros si es necesario, y valida tus hallazgos.

9. Documentación y presentación de resultados:

Documenta todo el proceso de resolución de problemas, desde la adquisición de datos hasta la presentación de resultados. Comunica tus conclusiones de manera clara y concisa.

Recuerda que cada problema puede requerir un enfoque único, pero esta estructura te puede servir como guía general para abordar y resolver problemas utilizando Pandas en el contexto de la ciencia de datos.

10. Integración con otras Bibliotecas

La integración de Pandas con otras bibliotecas como NumPy, Scikit-Learn y
otras herramientas es fundamental para aprovechar al máximo las capacidades
de análisis de datos. Aquí te muestro cómo Pandas se integra con estas
bibliotecas y su uso en entornos de análisis de datos completos:

Integración con NumPy:

Pandas está construido sobre NumPy, lo que significa que pueden trabajar
juntos de manera armoniosa. Pandas proporciona estructuras de datos de alto
nivel (DataFrames y Series) sobre las matrices de NumPy, lo que permite
realizar operaciones de bajo nivel de manera eficiente.

```python
import pandas as pd

import numpy as np


# Convertir un DataFrame de Pandas a un array de NumPy

data = pd.DataFrame({'A': [1, 2, 3], 'B': [4, 5, 6]})

array = data.values


# Crear un DataFrame a partir de un array de NumPy

df = pd.DataFrame(array, columns=['A', 'B'])
```

Integración con Scikit-Learn:

Pandas y Scikit-Learn se complementan bien. Pandas se usa para la preparación de datos, limpieza y transformación, mientras que Scikit-Learn se enfoca en la construcción de modelos de machine learning.

```python
from sklearn.model_selection import train_test_split

from sklearn.linear_model import LinearRegression


# Cargar datos con Pandas

data = pd.read_csv('datos.csv')


# Preprocesamiento de datos con Pandas

X = data.drop('target_column', axis=1)

y = data['target_column']


# Dividir datos en conjunto de entrenamiento y prueba

X_train, X_test, y_train, y_test = train_test_split(X, y,
test_size=0.2)


# Crear y ajustar un modelo con Scikit-Learn

model = LinearRegression()

model.fit(X_train, y_train)


# Evaluar el modelo

model.score(X_test, y_test)
```

Entornos de análisis de datos completos:

Pandas se utiliza en combinación con otras bibliotecas como Matplotlib, Seaborn y Jupyter Notebooks para crear entornos completos de análisis de datos interactivos y visuales.

```python
import matplotlib.pyplot as plt

import seaborn as sns


# Cargar datos con Pandas

data = pd.read_csv('datos.csv')


# Visualizaciones con Matplotlib y Seaborn

sns.scatterplot(x='columna1', y='columna2', data=data)

plt.title('Gráfico de dispersión')

plt.show()
```

Esta integración permite un flujo de trabajo fluido entre la manipulación de datos en Pandas, la implementación de algoritmos de machine learning con Scikit-Learn y la visualización de resultados con bibliotecas de visualización como Matplotlib y Seaborn, lo que resulta en un análisis de datos completo y efectivo.

Ejercicio 1:

Aquí tienes un ejercicio básico donde se utiliza Pandas para cargar datos desde un archivo CSV, realizar operaciones simples y mostrar información básica sobre los datos:

Supongamos que tienes un archivo CSV llamado "datos.csv" con la siguiente estructura:

```
Nombre,Edad,Ciudad

Ana,25,Madrid

Juan,30,Barcelona

María,28,Sevilla

Pedro,22,Valencia
```

El ejercicio consistirá en cargar estos datos en un DataFrame, realizar algunas operaciones básicas y mostrar información sobre ellos.

Solución:

```python
import pandas as pd


# Cargar el archivo CSV en un DataFrame

df = pd.read_csv('datos.csv')
```

```python
# Mostrar las primeras filas del DataFrame

print("Primeras filas de datos:")

print(df.head())


# Mostrar información básica sobre el DataFrame

print("\nInformación del DataFrame:")

print(df.info())


# Mostrar estadísticas descriptivas básicas de las columnas
numéricas

print("\nEstadísticas descriptivas de las edades:")

print(df['Edad'].describe())


# Contar la cantidad de personas por ciudad

print("\nCantidad de personas por ciudad:")

print(df['Ciudad'].value_counts())
```

Este ejercicio carga los datos desde un archivo CSV, muestra las primeras filas del DataFrame, información sobre las columnas y estadísticas descriptivas básicas de la columna 'Edad'. Además, cuenta la cantidad de personas por ciudad en el conjunto de datos.

Ejercicio 2:

Supongamos que tenemos datos ficticios sobre ventas de productos en una tienda. Creamos un DataFrame con estos datos y realizamos algunas operaciones básicas.

Solución:

```python
import pandas as pd


# Datos ficticios de ventas


datos_ventas = {
  'Producto': ['A', 'B', 'C', 'A', 'B'],
  'Cantidad': [10, 15, 8, 12, 9],
  'Precio_unitario': [20, 25, 18, 22, 27]
}


# Crear un DataFrame con los datos de ventas
df_ventas = pd.DataFrame(datos_ventas)


# Mostrar las primeras filas del DataFrame
```

```python
print("Datos de ventas:")

print(df_ventas)


# Calcular el total de ventas por producto (cantidad * precio
unitario)

df_ventas['Total'] = df_ventas['Cantidad'] *
df_ventas['Precio_unitario']


# Mostrar el total de ventas por producto

print("\nTotal de ventas por producto:")

print(df_ventas.groupby('Producto')['Total'].sum())


# Calcular el total general de ventas

total_general = df_ventas['Total'].sum()

print("\nTotal general de ventas:", total_general)
```

Este ejercicio crea un DataFrame con datos ficticios de ventas de productos. Calcula el total de ventas por producto multiplicando la cantidad vendida por el precio unitario y luego muestra el total de ventas por producto y el total general de ventas.

Ejercicio 3:

Escribir un programa usando Pandas que pregunte al usuario por las ventas de un rango de años y muestre por pantalla una serie con los datos de las ventas indexada por los años, antes y después de aplicarles un descuento del 10%.

Solución:

```python
import pandas as pd


# Crear un diccionario con las ventas por año

datos_ventas = {

    'Año': [2018, 2019, 2020, 2021, 2022],

    'Ventas': [100, 150, 200, 180, 250]

}


# Crear un DataFrame a partir del diccionario

df_ventas = pd.DataFrame(datos_ventas)


# Pedir al usuario el rango de años

inicio = int(input("Ingrese el año inicial: "))
```

```python
fin = int(input("Ingrese el año final: "))


# Filtrar el DataFrame por el rango de años ingresado por el
usuario

ventas_rango = df_ventas[(df_ventas['Año'] >= inicio) &
(df_ventas['Año'] <= fin)]


# Establecer el año como índice y calcular las ventas con
descuento del 10%

ventas_rango = ventas_rango.set_index('Año')

ventas_descuento = ventas_rango * 0.9


# Mostrar por pantalla las ventas antes y después del descuento

print("\nVentas antes del descuento del 10%:")

print(ventas_rango)

print("\nVentas después del descuento del 10%:")

print(ventas_descuento)
```

Este código crea un DataFrame con datos de ventas por año, solicita al usuario un rango de años, filtra las ventas dentro de ese rango, establece el año como índice y luego calcula las ventas después de aplicarles un descuento del 10%. Finalmente, muestra por pantalla las ventas antes y después del descuento para el rango de años proporcionado por el usuario.

Ejercicio 4:

Imagina que tienes dos archivos CSV, uno contiene información sobre ventas de productos y otro contiene información sobre el inventario de esos productos. Puedes combinar estos archivos utilizando Pandas para obtener una visión más completa. Aquí tienes un ejemplo:

Supongamos que tienes dos archivos CSV: "ventas.csv" y "inventario.csv".

ventas.csv:

Producto,Ventas

A,100

B,150

C,80

inventario.csv:

Producto,Stock

A,50

B,75

C,60

El ejercicio combinará estos dos archivos CSV utilizando Pandas y mostrará la información combinada de ventas e inventario.

Solución:

```python
import pandas as pd


# Cargar los archivos CSV en DataFrames

df_ventas = pd.read_csv('ventas.csv')

df_inventario = pd.read_csv('inventario.csv')


# Combinar los DataFrames utilizando la columna 'Producto'

df_combinado = pd.merge(df_ventas, df_inventario, on='Producto')


# Mostrar el DataFrame combinado

print("Información combinada de ventas e inventario:")

print(df_combinado)


# Calcular el valor total del inventario por producto (ventas *
stock)

df_combinado['Valor_Inventario'] = df_combinado['Ventas'] *
df_combinado['Stock']


# Mostrar el valor total del inventario por producto

print("\nValor total del inventario por producto:")

print(df_combinado[['Producto', 'Valor_Inventario']])
```

Este ejercicio carga los datos de ventas e inventario desde dos archivos CSV diferentes, los combina utilizando la columna 'Producto' y muestra la información combinada. Luego, calcula el valor total del inventario por producto (ventas * stock) y muestra esta información.

Ejercicio 5:

Supongamos que tienes dos archivos CSV: uno con información sobre ventas mensuales y otro con información sobre gastos mensuales. Vamos a combinar estos conjuntos de datos para analizar el rendimiento mensual.

ventas.csv:

```
Mes,Ventas
Enero,1000
Febrero,1500
Marzo,1200
```

gastos.csv:

```
Mes,Gastos
Enero,600
Febrero,800
Marzo,700
```

Este ejercicio combinará los datos de ventas y gastos para obtener una visión mensual completa.

Solución:

```python
import pandas as pd

# Cargar los archivos CSV en DataFrames
df_ventas = pd.read_csv('ventas.csv')
df_gastos = pd.read_csv('gastos.csv')

# Combinar los DataFrames utilizando la columna 'Mes'
```

```python
df_combinado = pd.merge(df_ventas, df_gastos, on='Mes')

# Mostrar el DataFrame combinado
print("Información combinada de ventas y gastos:")
print(df_combinado)

# Calcular el beneficio mensual (ventas - gastos)
df_combinado['Beneficio'] = df_combinado['Ventas'] -
df_combinado['Gastos']


# Mostrar el beneficio mensual
print("\nBeneficio mensual:")
print(df_combinado[['Mes', 'Beneficio']])
```

Este código carga los datos de ventas y gastos desde dos archivos CSV
diferentes, los combina utilizando la columna 'Mes' y muestra la información
combinada. Luego, calcula el beneficio mensual (ventas - gastos) y muestra
esta información para cada mes.

Ejercicio 6:

Supongamos que tenemos cinco archivos CSV, cada uno con información sobre ventas mensuales por año. Vamos a combinarlos para obtener una tabla consolidada con todas las ventas mensuales.

archivo1.csv:

yaml

```
Año,Mes,Ventas
2020,Enero,1000
2020,Febrero,1500
2020,Marzo,1200
```

archivo2.csv:

yaml

```
Año,Mes,Ventas
2021,Enero,1100
2021,Febrero,1600
2021,Marzo,1300
```

(El formato es el mismo para los otros tres archivos)

El ejercicio combinará los cinco archivos CSV para crear una tabla consolidada con todas las ventas mensuales.

Solución:

```python
import pandas as pd

# Lista de nombres de archivos
archivos = ['archivo1.csv', 'archivo2.csv', 'archivo3.csv',
'archivo4.csv', 'archivo5.csv']

# Lista para almacenar los DataFrames de cada archivo
dataframes = []

# Leer cada archivo CSV y almacenarlos en una lista
for archivo in archivos:
 df = pd.read_csv(archivo)
 dataframes.append(df)

# Combinar los DataFrames en un DataFrame único
df_combinado = pd.concat(dataframes)

# Mostrar la tabla consolidada de ventas mensuales
print("Tabla consolidada de ventas mensuales:")
print(df_combinado)
```

Este código lee cada archivo CSV, los almacena en una lista de DataFrames y luego los combina en un único DataFrame usando pd.concat(). El resultado será una tabla consolidada que contiene todas las ventas mensuales de los cinco archivos.

Ejercicio 7:

Tres ejercicios relacionados con la carga de datos en Pandas:

Cargar datos desde un archivo CSV:
Descarga un archivo CSV de algún conjunto de datos abierto en línea (por ejemplo, desde Kaggle) y cárgalo en un DataFrame de Pandas. Luego, utiliza métodos como `head()`, `info()` y `describe()` para explorar y entender la estructura de los datos.

Solución:

```python
import pandas as pd

# Cargar datos desde un archivo CSV
df = pd.read_csv('archivo.csv')

# Explorar los datos
print(df.head()) # Muestra las primeras filas
print(df.info()) # Información sobre el DataFrame
print(df.describe()) # Estadísticas descriptivas
```

Cargar datos desde un archivo Excel:

Descarga un archivo Excel con múltiples hojas de datos. Utiliza Pandas

para cargar una hoja específica en un DataFrame y realiza algunas

operaciones básicas como selección de columnas o cálculo de
estadísticas resumidas.

Solución:

```
import pandas as pd

# Cargar datos desde un archivo Excel
df = pd.read_excel('archivo.xlsx', sheet_name='Hoja1')

# Operaciones básicas
print(df.head()) # Muestra las primeras filas
print(df['Columna'].mean()) # Calcula la media de una columna
```

Cargar datos desde un archivo JSON:

Encuentra un archivo JSON con datos estructurados y cárgalo en un
DataFrame de Pandas. Explora los datos utilizando métodos de Pandas
para acceder a información específica y entender la estructura del JSON.

Solución:

```
import pandas as pd

# Cargar datos desde un archivo JSON
df = pd.read_json('archivo.json')

# Explorar los datos
print(df.head()) # Muestra las primeras filas
print(df['clave'].unique()) # Muestra valores únicos de una
clave
```

Estos ejercicios te ayudarán a familiarizarte con la carga de diferentes tipos de archivos (CSV, Excel, JSON) en Pandas y a realizar algunas operaciones básicas para explorar y comprender los datos cargados.

Ejercicio 8:

Tres ejercicios relacionados con la selección y filtrado de datos en Pandas:

Practica la selección de filas y columnas específicas utilizando métodos como `loc[]` y `iloc[]`, y realiza filtrados de datos basados en condiciones booleanas.

Selección de columnas específicas:

Carga un conjunto de datos y selecciona solo algunas columnas para explorarlas. Utiliza la notación de corchetes (`[]`) o el método `loc[]` para seleccionar las columnas deseadas.

Solución:

```python
import pandas as pd


# Cargar datos desde un archivo CSV

df = pd.read_csv('datos.csv')


# Seleccionar columnas específicas

columnas_seleccionadas = df[['Columna1', 'Columna2', 'Columna3']] #
Usando corchetes

# O usando loc[]

columnas_seleccionadas_loc = df.loc[:, ['Columna1', 'Columna2',
'Columna3']]
```

```python
print(columnas_seleccionadas.head())

print(columnas_seleccionadas_loc.head())
```

Filtrado de filas basado en condiciones:

Carga un conjunto de datos y filtra las filas que cumplen ciertas condiciones utilizando operadores lógicos como ==, >, <, etc.

Solución:

```python
import pandas as pd

# Cargar datos desde un archivo CSV
df = pd.read_csv('datos.csv')

# Filtrar filas basadas en una condición
datos_filtrados = df[df['Columna'] > 10] # Por ejemplo, filtra
filas donde el valor en 'Columna' sea mayor que 10

print(datos_filtrados.head())
```

Filtrado con múltiples condiciones:

Carga un conjunto de datos y filtra las filas que cumplen múltiples condiciones utilizando operadores lógicos (& para "y", | para "o").

Solución:

```python
import pandas as pd


# Cargar datos desde un archivo CSV

df = pd.read_csv('datos.csv')


# Filtrar filas con múltiples condiciones

datos_filtrados = df[(df['Columna1'] > 10) & (df['Columna2'] == 'Valor')] # Por ejemplo, dos condiciones


print(datos_filtrados.head())
```

Estos ejercicios te ayudarán a comprender cómo seleccionar columnas específicas y filtrar filas en un DataFrame de Pandas basado en ciertas condiciones.

Ejercicio 9:

Tres ejercicios sobre manipulación de datos utilizando Pandas:

Realiza operaciones de limpieza de datos como manejo de valores nulos
(`dropna()`, `fillna()`), renombrar columnas (`rename()`), eliminar duplicados
(`drop_duplicates()`), entre otros.

Eliminar columnas y filas:

Carga un conjunto de datos y practica eliminando columnas y filas que
no sean necesarias para tu análisis. Utiliza `drop()` para eliminar
columnas y `dropna()` para eliminar filas con valores nulos.

Solución:

```python
import pandas as pd


# Cargar datos desde un archivo CSV

df = pd.read_csv('datos.csv')
```

```python
# Eliminar columnas específicas

df = df.drop(['Columna1', 'Columna2'], axis=1) # Elimina las
columnas especificadas
```

```python
# Eliminar filas con valores nulos

df_sin_nulos = df.dropna() # Elimina filas con valores nulos en
cualquier columna
```

```python
print(df_sin_nulos.head())
```

Renombrar columnas:

Carga un conjunto de datos y practica renombrando las columnas para hacerlas más descriptivas utilizando el método `rename()`.

Solución:

```python
import pandas as pd
```

```python
# Cargar datos desde un archivo CSV

df = pd.read_csv('datos.csv')
```

```python
# Renombrar columnas
```

```python
df = df.rename(columns={'Columna1': 'NuevaColumna1', 'Columna2':
'NuevaColumna2'})


print(df.head())
```

Agregar una nueva columna calculada:

Carga un conjunto de datos y agrega una nueva columna calculada basada en operaciones con otras columnas existentes.

Solución:

```python
import pandas as pd


# Cargar datos desde un archivo CSV

df = pd.read_csv('datos.csv')


# Agregar una nueva columna calculada (por ejemplo, suma de dos columnas)

df['NuevaColumna'] = df['Columna1'] + df['Columna2']


print(df.head())
```

Estos ejercicios te ayudarán a practicar la manipulación de datos en Pandas, incluyendo la eliminación de columnas y filas, renombrado de columnas y creación de nuevas columnas basadas en operaciones con columnas existentes.

Ejercicio 10:

Tres ejercicios sobre agrupación y agregación de datos utilizando Pandas:

Utiliza el método `groupby()` para agrupar datos por una columna específica y aplica funciones de agregación como sumas, promedios, conteos utilizando `sum(), mean(), count()`.

Agrupación y suma por categoría:

Carga un conjunto de datos y realiza una operación de suma para una columna específica, agrupando los datos por una categoría.

Solución:

```python
import pandas as pd

# Cargar datos desde un archivo CSV
df = pd.read_csv('datos.csv')

# Suma de una columna por categoría
suma_por_categoria = df.groupby('Categoria')['Columna'].sum()
```

```python
print(suma_por_categoria)
```

Agrupación y conteo por múltiples categorías:

Carga un conjunto de datos y realiza una operación de conteo, agrupando los datos por múltiples categorías.

Solución:

```python
import pandas as pd


# Cargar datos desde un archivo CSV

df = pd.read_csv('datos.csv')


# Conteo por múltiples categorías

conteo_por_categorias = df.groupby(['Categoria1',
'Categoria2']).size().reset_index(name='Conteo')


print(conteo_por_categorias)
```

Agregación con múltiples funciones:

Carga un conjunto de datos y realiza operaciones de agregación con
múltiples funciones (por ejemplo, suma y promedio) para columnas
específicas.

Solución:

```python
import pandas as pd


# Cargar datos desde un archivo CSV

df = pd.read_csv('datos.csv')


# Agregación con múltiples funciones

agregacion_multiple = df.groupby('Categoria').agg({'Columna1':
'sum', 'Columna2': 'mean'})


print(agregacion_multiple)
```

Estos ejercicios te permitirán practicar la agrupación y agregación de datos
utilizando Pandas, lo que te ayudará a realizar operaciones de resumen y
análisis sobre diferentes categorías de datos en tus conjuntos de datos.

Ejercicio 11:

Tres ejercicios para practicar la combinación de DataFrames en Pandas:

Prueba a fusionar, concatenar o combinar varios DataFrames utilizando métodos como `merge()`, `concat()` o `join()` para consolidar datos de diferentes fuentes.

Concatenación de DataFrames:

Crea dos DataFrames con columnas coincidentes y concaténalos, ya sea a lo largo de filas o columnas.

Solución:

```python
import pandas as pd


# Crear DataFrames

df1 = pd.DataFrame({'A': [1, 2, 3], 'B': [4, 5, 6]})

df2 = pd.DataFrame({'A': [7, 8, 9], 'B': [10, 11, 12]})


# Concatenar a lo largo de filas

resultado_filas = pd.concat([df1, df2])
```

```python
# Concatenar a lo largo de columnas

resultado_columnas = pd.concat([df1, df2], axis=1)


print(resultado_filas)

print(resultado_columnas)
```

Combinación de DataFrames por clave:

> Carga dos DataFrames con una columna clave común y realiza una
> combinación utilizando `merge()`.

Solución:

```python
import pandas as pd


# Crear DataFrames

df1 = pd.DataFrame({'clave': ['A', 'B', 'C'], 'valor1': [1, 2, 3]})

df2 = pd.DataFrame({'clave': ['B', 'C', 'D'], 'valor2': [4, 5, 6]})


# Combinar DataFrames por clave

resultado_combinacion = pd.merge(df1, df2, on='clave')
```

```python
print(resultado_combinacion)
```


Unión de DataFrames por índice:

Carga dos DataFrames con índices comunes y únelos utilizando `join()`.

Solución:

```python
import pandas as pd


# Crear DataFrames con índices

df1 = pd.DataFrame({'A': [1, 2, 3]}, index=['a', 'b', 'c'])

df2 = pd.DataFrame({'B': [4, 5, 6]}, index=['a', 'b', 'd'])


# Unir DataFrames por índice

resultado_union = df1.join(df2, how='inner')


print(resultado_union)
```

Estos ejercicios te permitirán practicar diferentes métodos para combinar DataFrames en Pandas, ya sea concatenándolos, combinándolos por una clave común o uniendo DataFrames por índices.

Ejercicio 12:

Tres ejercicios para practicar el análisis estadístico básico utilizando Pandas:

Realiza análisis estadísticos básicos utilizando Pandas, como cálculos de media, mediana, desviación estándar, y entiende cómo aplicar estos métodos en diferentes columnas de tu DataFrame.

Cálculo de estadísticas descriptivas:

Carga un conjunto de datos y calcula estadísticas descriptivas básicas como la media, la mediana, la desviación estándar, el máximo y el mínimo para una columna específica.

Solución:

```python
import pandas as pd


# Cargar datos desde un archivo CSV

df = pd.read_csv('datos.csv')


# Cálculo de estadísticas descriptivas

media = df['Columna'].mean()

mediana = df['Columna'].median()
```

```python
desviacion_estandar = df['Columna'].std()

valor_maximo = df['Columna'].max()

valor_minimo = df['Columna'].min()


print(f"Media: {media}")

print(f"Mediana: {mediana}")

print(f"Desviación estándar: {desviacion_estandar}")

print(f"Valor máximo: {valor_maximo}")

print(f"Valor mínimo: {valor_minimo}")
```

Correlación entre columnas:

Carga un conjunto de datos y calcula la correlación entre dos columnas numéricas utilizando el método `corr()`.

Solución:

```python
import pandas as pd


# Cargar datos desde un archivo CSV

df = pd.read_csv('datos.csv')


# Calcular correlación entre dos columnas

correlacion = df['Columna1'].corr(df['Columna2'])
```

```python
print(f"Correlación entre Columna1 y Columna2: {correlacion}")
```

Conteo y porcentaje de valores únicos:

Carga un conjunto de datos y cuenta los valores únicos en una columna específica, mostrando el conteo y el porcentaje para cada valor.

Solución:

```python
import pandas as pd

# Cargar datos desde un archivo CSV
df = pd.read_csv('datos.csv')

# Conteo y porcentaje de valores únicos en una columna
conteo_valores = df['Columna'].value_counts()
porcentaje_valores = df['Columna'].value_counts(normalize=True) * 100

print("Conteo de valores únicos:")
print(conteo_valores)
print("\nPorcentaje de valores únicos:")
```

```
print(porcentaje_valores)
```

Estos ejercicios te ayudarán a practicar el cálculo de estadísticas descriptivas, la correlación entre columnas y el análisis de valores únicos en un conjunto de datos utilizando Pandas.

Ejercicios 13:

Transformaciones avanzadas: Practica con métodos más avanzados como `apply()`, `map()`, `pivot_table()`, y entiende cómo estos métodos pueden ayudarte a transformar y reorganizar tus datos.

tres ejercicios para practicar transformaciones avanzadas con Pandas:

Aplicación de funciones personalizadas a grupos:

Carga un conjunto de datos y aplica una función personalizada a grupos específicos utilizando `groupby()` y `apply()`.

Solución:

```python
import pandas as pd



# Cargar datos desde un archivo CSV

df = pd.read_csv('datos.csv')
```

```python
# Definir función personalizada

def funcion_personalizada(x):

 return x - x.mean()



# Aplicar la función a grupos específicos

resultado =
df.groupby('Grupo')['Columna'].apply(funcion_personalizada)



print(resultado)
```

Mapeo de valores usando diccionarios:

Carga un conjunto de datos y mapea los valores de una columna
utilizando un diccionario con `map()`.

Solución:

```python
import pandas as pd



# Cargar datos desde un archivo CSV

df = pd.read_csv('datos.csv')



# Definir diccionario de mapeo

diccionario = {'Valor1': 'A', 'Valor2': 'B', 'Valor3': 'C'}
```

```python
# Mapear valores utilizando el diccionario

df['NuevaColumna'] = df['Columna'].map(diccionario)


print(df['NuevaColumna'])
```

Aplicación de transformaciones condicionales:

Carga un conjunto de datos y realiza transformaciones condicionales en una columna utilizando `np.where()`.

Solución:

```python
import pandas as pd

import numpy as np


# Cargar datos desde un archivo CSV

df = pd.read_csv('datos.csv')


# Aplicar transformación condicional

df['NuevaColumna'] = np.where(df['Columna'] > 10, 'Mayor que 10',
'Menor o igual que 10')


print(df['NuevaColumna'])
```

Estos ejercicios te ayudarán a familiarizarte con las funciones y capacidades de Pandas, permitiéndote manipular, analizar y visualizar datos de manera efectiva. Puedes utilizar conjuntos de datos reales o ficticios para practicar estos ejercicios y mejorar tus habilidades con Pandas.

Ejercicio 14:

Supongamos que tienes un conjunto de datos que contiene información sobre ventas de productos en diferentes tiendas. Queremos analizar estos datos para obtener insights sobre las ventas y el desempeño de las tiendas.

Supongamos que tienes un archivo CSV llamado "ventas.csv" con el siguiente formato:

```
Tienda,Producto,Fecha,Ventas,Cantidad
A,Producto1,2023-01-01,100,5
B,Producto2,2023-01-02,150,3
A,Producto1,2023-01-02,120,4
B,Producto3,2023-01-03,80,2
C,Producto2,2023-01-01,200,6
```

El ejercicio avanzado involucrará:

- Cargar y limpiar los datos.
- Analizar las ventas totales por tienda y por producto.
- Calcular el promedio de ventas diarias por tienda.
- Visualizar los resultados obtenidos.

Solución:

```python
import pandas as pd
import matplotlib.pyplot as plt

# Cargar los datos y convertir la columna 'Fecha' a tipo
datetime
df_ventas = pd.read_csv('ventas.csv', parse_dates=['Fecha'])

# Mostrar información general sobre el DataFrame
print("Información general sobre los datos:")
print(df_ventas.info())

# Calcular las ventas totales por tienda y por producto
ventas_totales_tienda =
df_ventas.groupby('Tienda')['Ventas'].sum()
ventas_totales_producto =
df_ventas.groupby('Producto')['Ventas'].sum()

print("\nVentas totales por tienda:")
print(ventas_totales_tienda)

print("\nVentas totales por producto:")
print(ventas_totales_producto)

# Calcular el promedio de ventas diarias por tienda
df_ventas['Fecha'] = pd.to_datetime(df_ventas['Fecha']).dt.date
promedio_ventas_diarias = df_ventas.groupby(['Tienda',
'Fecha'])['Ventas'].mean().groupby('Tienda').mean()

print("\nPromedio de ventas diarias por tienda:")
print(promedio_ventas_diarias)

# Visualizar los resultados obtenidos
ventas_totales_tienda.plot(kind='bar', title='Ventas totales por
tienda')
plt.xlabel('Tienda')
plt.ylabel('Ventas')
plt.show()




ventas_totales_producto.plot(kind='pie', title='Ventas totales
por producto', autopct='%1.1f%%')
plt.ylabel('')
plt.show()

promedio_ventas_diarias.plot(kind='bar', title='Promedio de
ventas diarias por tienda')
plt.xlabel('Tienda')
```

```python
plt.ylabel('Promedio de ventas diarias')
plt.show()
```

Este ejercicio más avanzado utiliza Pandas para realizar análisis de datos sobre ventas de productos en diferentes tiendas. Se realizan operaciones de agrupación, cálculos estadísticos y se visualizan los resultados obtenidos para obtener insights sobre el desempeño de las tiendas y productos.

Ejercicio 15:

Aquí tienes un ejercicio avanzado que simula un proceso industrial utilizando Pandas:

Supongamos que tenemos datos de producción de una fábrica durante un mes. Queremos analizar la eficiencia de la línea de producción para diferentes productos. Los datos incluyen el tiempo de producción, la cantidad producida y el tipo de producto.

Solución:

```python
import pandas as pd
import numpy as np

# Generar datos ficticios
np.random.seed(42)
num_registros = 1000

tiempo_produccion = np.random.randint(10, 30, num_registros) #
Tiempo de producción en minutos



cantidad_producida = np.random.randint(50, 200, num_registros) #
Cantidad producida
productos = np.random.choice(['Producto_A', 'Producto_B',
'Producto_C'], num_registros) # Tipo de producto

data = {
 'Tiempo_Produccion': tiempo_produccion,
 'Cantidad_Producida': cantidad_producida,
 'Producto': productos
```

```python
}

# Crear DataFrame
df = pd.DataFrame(data)

# Calcular eficiencia (Cantidad producida por minuto)
df['Eficiencia'] = df['Cantidad_Producida'] /
df['Tiempo_Produccion']

# Calcular estadísticas por producto
estadisticas_por_producto = df.groupby('Producto').agg({
 'Tiempo_Produccion': 'mean',
 'Cantidad_Producida': 'sum',
 'Eficiencia': 'mean'
})

print(estadisticas_por_producto)
```

Este ejercicio simula el análisis de eficiencia de una línea de producción.
Calcula la eficiencia (cantidad producida por minuto) para diferentes productos
y muestra estadísticas como el tiempo promedio de producción, la cantidad
total producida y la eficiencia promedio para cada producto. Esto podría ayudar
a identificar áreas de mejora en la línea de producción de diferentes productos
en la fábrica.

Ejercicio 16:

Ejercicio que utiliza Pandas y Matplotlib para crear un gráfico de barras a partir de datos generados aleatoriamente:

Solución:

```python
import pandas as pd
import numpy as np
import matplotlib.pyplot as plt

# Generar datos ficticios
np.random.seed(0)
nombres = ['Alice', 'Bob', 'Charlie', 'David']
edades = np.random.randint(20, 35, size=len(nombres))

# Crear DataFrame
data = {'Nombre': nombres, 'Edad': edades}
df = pd.DataFrame(data)

# Gráfico de barras de edades
plt.figure(figsize=(8, 6))
plt.bar(df['Nombre'], df['Edad'], color='skyblue')
plt.xlabel('Nombre')
plt.ylabel('Edad')
plt.title('Edades de personas')
plt.grid(axis='y')
plt.xticks(rotation=45)
plt.tight_layout()

plt.show()
```

Este código genera un DataFrame con nombres y edades aleatorias para diferentes personas y luego crea un gráfico de barras utilizando Matplotlib. Este

ejemplo muestra cómo puedes visualizar datos simples utilizando Pandas y
Matplotlib para crear gráficos.

Ejercicio 17:

Realiza un ejercicio que simula el seguimiento de indicadores clave de
rendimiento (KPIs) de una empresa a lo largo del tiempo y muestra diferentes
tipos de gráficos utilizando Pandas y Matplotlib:

Solución:

```python
import pandas as pd
import numpy as np
import matplotlib.pyplot as plt

# Generar datos ficticios para los indicadores clave de
rendimiento (KPIs)
np.random.seed(42)
fechas = pd.date_range('2023-01-01', '2023-12-31', freq='M')
ingresos = np.random.randint(100000, 500000, len(fechas))
gastos = np.random.randint(80000, 400000, len(fechas))
clientes_nuevos = np.random.randint(10, 100, len(fechas))

# Crear DataFrame con los datos de los KPIs
data = {
 'Fecha': fechas,
 'Ingresos': ingresos,

 'Gastos': gastos,
 'Clientes_Nuevos': clientes_nuevos
}
df = pd.DataFrame(data)

# Configurar la columna 'Fecha' como índice
df.set_index('Fecha', inplace=True)
```

```python
# Gráfico de línea para los ingresos y gastos a lo largo del
tiempo
plt.figure(figsize=(10, 6))
plt.plot(df['Ingresos'], label='Ingresos', marker='o')
plt.plot(df['Gastos'], label='Gastos', marker='x')
plt.title('Ingresos vs Gastos a lo largo del tiempo')
plt.xlabel('Fecha')
plt.ylabel('Cantidad')
plt.legend()
plt.grid(True)
plt.tight_layout()
plt.show()

# Gráfico de barras para los clientes nuevos por mes
plt.figure(figsize=(8, 6))
plt.bar(df.index, df['Clientes_Nuevos'], color='orange')
plt.title('Clientes Nuevos por Mes')
plt.xlabel('Fecha')
plt.ylabel('Cantidad de Clientes Nuevos')
plt.xticks(rotation=45)
plt.grid(axis='y')
plt.tight_layout()
plt.show()

# Gráfico de área para mostrar la tendencia acumulada de
ingresos
plt.figure(figsize=(8, 6))
plt.fill_between(df.index, df['Ingresos'].cumsum(),
color='skyblue', alpha=0.3)
plt.plot(df['Ingresos'].cumsum(), label='Ingresos Acumulados',
color='blue')
plt.title('Tendencia Acumulada de Ingresos')
plt.xlabel('Fecha')
plt.ylabel('Ingresos Acumulados')
plt.legend()
plt.grid(True)
plt.tight_layout()
plt.show()
```

Este código genera datos ficticios para los indicadores clave de rendimiento de una empresa (ingresos, gastos y cantidad de clientes nuevos) a lo largo del año 2023. Luego, crea diferentes gráficos utilizando Matplotlib para visualizar la evolución de estos indicadores a lo largo del tiempo.

Ejercicio 18:

Como generar un Archivo CSV desde Python.

Para generar un archivo CSV (Comma-Separated Values) desde Python, puedes utilizar la biblioteca `csv` o `Pandas`. Te mostraré ejemplos simples con ambas opciones:

Utilizando la biblioteca `csv` de Python:

```python
import csv

# Datos de ejemplo
data = [
 ['Nombre', 'Edad', 'Email'],
 ['Juan', 25, 'juan@email.com'],
 ['María', 30, 'maria@email.com'],
 ['Pedro', 28, 'pedro@email.com']
]

# Nombre del archivo CSV a crear
nombre_archivo = 'datos_ejemplo.csv'

# Escribir los datos en el archivo CSV
with open(nombre_archivo, 'w', newline='') as archivo:
 escritor_csv = csv.writer(archivo)
 for fila in data:
 escritor_csv.writerow(fila)

print(f"El archivo '{nombre_archivo}' se ha creado correctamente.")
```

Utilizando `Pandas`:

python

Copy code

```python
import pandas as pd
```

```python
# Datos de ejemplo

data = {


 'Nombre': ['Juan', 'María', 'Pedro'],
 'Edad': [25, 30, 28],
 'Email': ['juan@email.com', 'maria@email.com', 'pedro@email.com']
}

# Crear un DataFrame con los datos
df = pd.DataFrame(data)

# Nombre del archivo CSV a crear
nombre_archivo = 'datos_ejemplo_pandas.csv'

# Guardar el DataFrame como un archivo CSV
df.to_csv(nombre_archivo, index=False)

print(f"El archivo '{nombre_archivo}' se ha creado correctamente.")
```

Ambos códigos generan un archivo CSV con datos de ejemplo. En el primer ejemplo, se usa la biblioteca `csv` de Python para escribir manualmente los datos en el archivo. En el segundo ejemplo, se utiliza `Pandas` para convertir un DataFrame en un archivo CSV directamente con el método `to_csv()`.

Ejercicio 19:

Generar archivo CSV a partir de una Tabla de Excel

Para generar un archivo CSV a partir de una tabla de Excel, puedes usar la
biblioteca `pandas` de Python para cargar los datos desde el archivo Excel y
luego guardarlos como un archivo CSV. Aquí te muestro cómo hacerlo:

```python
import pandas as pd

# Cargar datos desde un archivo Excel
nombre_archivo_excel = 'datos.xlsx' # Nombre del archivo Excel
hoja_excel = 'Hoja1' # Nombre de la hoja de Excel que contiene
los datos

# Leer el archivo Excel
df = pd.read_excel(nombre_archivo_excel, sheet_name=hoja_excel)

# Nombre del archivo CSV a generar
nombre_archivo_csv = 'datos_generados.csv'

# Guardar los datos en un archivo CSV
df.to_csv(nombre_archivo_csv, index=False)

print(f"Se ha creado el archivo CSV '{nombre_archivo_csv}' a
partir de los datos de '{nombre_archivo_excel}'.")
```

Este código carga los datos desde un archivo Excel (`datos.xlsx` en este caso)
utilizando `pd.read_excel()` de Pandas, y luego guarda estos datos como un
archivo CSV (`datos_generados.csv`) usando `to_csv()`.

Asegúrate de proporcionar el nombre correcto del archivo Excel y la hoja donde
se encuentran los datos. Además, `index=False` se utiliza para evitar que
Pandas incluya el índice del DataFrame en el archivo CSV resultante.

Ejercicio 20:

Escribir programa que genere y muestre por pantalla un DataFrame con los datos de la tabla siguiente:

Mes   Ventas   Gastos
Enero 50000 30000
Febrero   70000 43000
Marzo 65000 23000
Abril   80000 56000

Solución:

Aquí tienes un código en Python utilizando Pandas para crear un DataFrame con los datos proporcionados y mostrarlo por pantalla:

```python
import pandas as pd

# Datos proporcionados
datos = {
 'Mes': ['Enero', 'Febrero', 'Marzo', 'Abril'],
 'Ventas': [50000, 70000, 65000, 80000],
 'Gastos': [30000, 43000, 23000, 56000]
}

# Crear DataFrame
df = pd.DataFrame(datos)

# Mostrar DataFrame por pantalla
print(df)
```

Este código define un diccionario con los datos proporcionados y utiliza Pandas para crear un DataFrame (df). Luego, utiliza print(df) para mostrar el DataFrame por pantalla.

Ejercicio 21:

Análisis Básico de Datos de Ventas

Supongamos que tienes un archivo CSV llamado `ventas.csv` que contiene datos de ventas con columnas como "Fecha", "Producto", "Cantidad", y "Precio Unitario". Queremos cargar estos datos y realizar un análisis básico:

```python
import pandas as pd

# Cargar datos desde un archivo CSV
datos_ventas = pd.read_csv('ventas.csv')

# Visualizar las primeras filas del DataFrame
print(datos_ventas.head())

# Obtener estadísticas descriptivas
print(datos_ventas.describe())

# Filtrar ventas por producto específico
ventas_producto_X = datos_ventas[datos_ventas['Producto'] ==
'Producto_X']
print(ventas_producto_X.head())

# Calcular el total de ventas por producto
total_ventas_por_producto =
datos_ventas.groupby('Producto')['Cantidad'].sum()
print(total_ventas_por_producto)
```

Ejercicio 22:

Combinación de Datos de Múltiples Fuentes

Imagina que tienes dos archivos CSV, uno con datos de ventas (`ventas.csv`) y otro con datos de clientes (`clientes.csv`). Queremos combinar esta información utilizando una columna común, como "ID de Cliente":

Solución:

```python
import pandas as pd

# Cargar datos de ventas y clientes desde archivos CSV
datos_ventas = pd.read_csv('ventas.csv')
datos_clientes = pd.read_csv('clientes.csv')

# Combinar datos de ventas y clientes usando la columna 'ID de
Cliente'
datos_combinados = pd.merge(datos_ventas, datos_clientes, on='ID
de Cliente')

# Mostrar las primeras filas del DataFrame combinado
print(datos_combinados.head())

# Calcular el total de ventas por ciudad
total_ventas_por_ciudad =
datos_combinados.groupby('Ciudad')['Cantidad'].sum()
print(total_ventas_por_ciudad)
```

Ejercicio 23:

Realiza un ejercicio usando Pandas que involucre un analisis mas detallado de la población, graficando por edad, por género, por actividad, por ubicación y que pueda visualizarse las diferentes gráficas?

ID,Edad,Genero,Actividad,Ubicacion
1,25,Masculino,Estudiante,Ciudad A
2,35,Femenino,Profesional,Ciudad B
3,45,Masculino,Profesional,Ciudad A
4,28,Femenino,Estudiante,Ciudad C
5,55,Masculino,Profesional,Ciudad B

Solución:

```python
import pandas as pd
import matplotlib.pyplot as plt

# Cargar datos desde el archivo CSV
data = pd.read_csv('poblacion.csv')

# Gráfico por edad
plt.figure(figsize=(8, 6))
data['Edad'].plot(kind='hist', bins=20, color='skyblue',
edgecolor='black')
plt.title('Distribución de la Población por Edad')
plt.xlabel('Edad')
plt.ylabel('Frecuencia')
plt.grid(True)
plt.show()

# Gráfico por género
plt.figure(figsize=(6, 6))
data['Genero'].value_counts().plot(kind='pie',
autopct='%1.1f%%', colors=['lightblue', 'lightcoral'])
plt.title('Distribución de la Población por Género')
```

```python
plt.ylabel('')

plt.show()

# Gráfico por actividad
plt.figure(figsize=(8, 6))
data['Actividad'].value_counts().plot(kind='bar',
color='salmon', edgecolor='black')
plt.title('Distribución de la Población por Actividad')
plt.xlabel('Actividad')
plt.ylabel('Cantidad')
plt.xticks(rotation=45)
plt.grid(axis='y')
plt.show()

# Gráfico por ubicación
plt.figure(figsize=(8, 6))
data['Ubicacion'].value_counts().plot(kind='barh',
color='lightgreen', edgecolor='black')
plt.title('Distribución de la Población por Ubicación')
plt.xlabel('Cantidad')
plt.ylabel('Ubicación')
plt.grid(axis='x')
plt.show()
```

Este código generará cuatro gráficos:

- Un histograma mostrando la distribución de la población por edad.
- Un gráfico circular (pie chart) mostrando la distribución de la población por género.
- Un gráfico de barras mostrando la distribución de la población por actividad.
- Un gráfico de barras horizontales mostrando la distribución de la población por ubicación.

Solo asegúrate de tener el archivo CSV `poblacion.csv` con datos similares para poder ejecutar este código y ver las gráficas resultantes.

Ejercicio 24:

Se requiere hacer un tablero de control donde se indiquen las gráficas del comportamiento de varios indicadores claves para la organizacion: los indicadores son:

- Margen de utilidad bruta:
- Productividad:
- Cantidad total de clientes:
- Rentabilidad recurrente:
- Tráfico web diario:
- Visitas nuevas:
- Tasa de apertura de emails:
- Cantidad de clientes potenciales generados
- Reach o Alcance:
- Average Engagement Rate o Ratio de Engagement:
- CTR (click trough rate):
- N° de reviews.
- Tasa de retención de clientes:
- Tasa de abandono o fuga de clientes:
- Vida media del cliente:
- Valor de vida del cliente (CLV o LTV)
- Clientes potenciales calificados:
- Tasa de conversión de clientes potenciales:
- Costo de adquisición de clientes (CAC):
- Cantidad total de clientes nuevos:
- Ciclo de ventas:
- de software.
- Tiempo de actividad del producto:
- Tiempo de respuesta al error:
- Duración del ciclo:
- Rendimiento:
- Satisfacción de los empleados:
- Tasa de retención de empleados:
- Comentarios de los empleados:

Solución:

Para crear un tablero de control con múltiples gráficas para los indicadores clave de la organización, utilizaremos Pandas y Matplotlib para generar gráficos que muestren el comportamiento de estos indicadores. Vamos a empezar por generar un DataFrame con datos ficticios que representen el comportamiento a lo largo del tiempo de estos indicadores.

```python
import pandas as pd
import matplotlib.pyplot as plt
import numpy as np
import random

# Generar datos ficticios para los indicadores
fechas = pd.date_range(start='2023-01-01', end='2023-12-31',
freq='D')
datos = {'Fecha': fechas}

for indicador in indicadores:
    datos[indicador] = np.random.randint(50, 100,
size=len(fechas)) * random.uniform(0.5, 1.5)

# Crear DataFrame con los datos
df = pd.DataFrame(datos)
df = df.set_index('Fecha')

# Graficar cada indicador a lo largo del tiempo
for indicador in indicadores:
    plt.figure(figsize=(10, 5))
    plt.plot(df.index, df[indicador])
    plt.title(f'Comportamiento de {indicador}')
    plt.xlabel('Fecha')
    plt.ylabel(indicador)
    plt.grid(True)
    plt.show()
```

Este código generará una serie de gráficas individuales, una para cada indicador, mostrando su comportamiento a lo largo del tiempo utilizando datos ficticios. Asegúrate de tener definidos los indicadores clave (como variables en una lista llamada `indicadores`) antes de ejecutar este código.

Ejercicio 25:

Lee un archivo CSV con datos de ventas, realiza un análisis exploratorio básico para entender la distribución de las ventas por producto, región, etc. Calcula el total de ventas por categoría, grafica la distribución y encuentra el producto más vendido.

Solución:

Supongamos que tenemos un archivo CSV llamado `ventas.csv` con la siguiente estructura:

Producto,Region,Ventas
A,Norte,1500
B,Sur,2200
A,Sur,1800
C,Norte,1200
B,Norte,2500
A,Sur,2100
C,Sur,1700
B,Norte,2300

```python
import pandas as pd

# Cargar datos desde un archivo CSV
datos_ventas = pd.read_csv('ventas.csv')

# Mostrar las primeras filas del DataFrame
print(datos_ventas.head())

# Calcular el total de ventas por producto
total_ventas_por_producto = 
datos_ventas.groupby('Producto')['Ventas'].sum()
print("\nTotal de ventas por producto:")
```

```python
print(total_ventas_por_producto)

# Calcular el total de ventas por región
total_ventas_por_region =
datos_ventas.groupby('Region')['Ventas'].sum()
print("\nTotal de ventas por región:")
print(total_ventas_por_region)

# Graficar la distribución de ventas por región
total_ventas_por_region.plot(kind='bar', color='skyblue')
plt.title('Total de ventas por región')
plt.xlabel('Región')
plt.ylabel('Ventas')
plt.show()
```

Este código carga los datos ficticios de ventas desde el archivo CSV usando Pandas. Luego, calcula el total de ventas por producto y por región, y muestra los resultados. Además, genera un gráfico de barras que muestra la distribución de las ventas por región. Recuerda que para ejecutar este código, necesitarías tener un archivo CSV con datos similares llamado `ventas.csv`.

Ejercicio 26:

Combina dos DataFrames con información de clientes y pedidos. Realiza una limpieza de datos eliminando filas duplicadas, valores nulos o inconsistentes. Calcula el total de pedidos por cliente y crea un nuevo DataFrame con la información consolidada.

Solución:

Aquí tienes un ejemplo que combina dos DataFrames con información de clientes y pedidos, realiza una limpieza de datos eliminando filas duplicadas, valores nulos o inconsistentes, y calcula el total de pedidos por cliente:

Supongamos que tienes dos archivos CSV: uno llamado `clientes.csv` con información de clientes y otro llamado `pedidos.csv` con información de los pedidos:

```python
import pandas as pd

# Cargar datos de clientes desde un archivo CSV
clientes = pd.read_csv('clientes.csv')

# Cargar datos de pedidos desde un archivo CSV
pedidos = pd.read_csv('pedidos.csv')

# Combinar los DataFrames utilizando la columna 'ID de Cliente'
datos_combinados = pd.merge(clientes, pedidos, on='ID de
Cliente', how='inner')

# Mostrar las primeras filas del DataFrame combinado
print(datos_combinados.head())

# Eliminar filas duplicadas y valores nulos
datos_combinados = datos_combinados.drop_duplicates()
datos_combinados = datos_combinados.dropna()

# Calcular el total de pedidos por cliente
```

```python
total_pedidos_por_cliente = datos_combinados.groupby('ID de
Cliente')['Cantidad de Pedidos'].sum()
print("\nTotal de pedidos por cliente:")
print(total_pedidos_por_cliente)
```

Este código utiliza la función `merge` de Pandas para combinar los DataFrames `clientes` y `pedidos` utilizando la columna 'ID de Cliente'. Luego, elimina filas duplicadas y valores nulos del DataFrame combinado. Finalmente, calcula el total de pedidos por cliente utilizando `groupby` y `sum`.

Asegúrate de ajustar las columnas y nombres de los archivos CSV (`clientes.csv` y `pedidos.csv`) según tu estructura de datos real antes de ejecutar este código.

Ejercicio 27:

Lee un archivo CSV con datos de tiempo y fecha. Convierte la columna de fecha a un objeto de tipo `datetime`, agrupa los datos por mes y grafica la tendencia temporal a lo largo del año.

Solución:

Aquí tienes un ejemplo que lee un archivo CSV con datos de tiempo y fecha, convierte la columna de fecha a un objeto de tipo `datetime`, agrupa los datos por mes y grafica la tendencia temporal a lo largo del año:

Supongamos que tienes un archivo CSV llamado `datos_tiempo.csv` con información de tiempo y fecha:

```python
import pandas as pd
import matplotlib.pyplot as plt

# Cargar datos desde un archivo CSV
datos_tiempo = pd.read_csv('datos_tiempo.csv')

# Mostrar las primeras filas del DataFrame
print(datos_tiempo.head())

# Convertir la columna de fecha a tipo datetime
datos_tiempo['Fecha'] = pd.to_datetime(datos_tiempo['Fecha'])

# Agrupar los datos por mes
datos_agrupados_por_mes =
datos_tiempo.groupby(datos_tiempo['Fecha'].dt.strftime('%B'))['C
antidad'].sum()

# Graficar la tendencia temporal por mes
plt.figure(figsize=(10, 6))
datos_agrupados_por_mes.plot(kind='line', marker='o',
color='skyblue')
plt.title('Tendencia Temporal por Mes')
```

```python
plt.xlabel('Mes')
plt.ylabel('Cantidad')
plt.xticks(rotation=45)
plt.grid(True)
plt.show()
```

Este código carga los datos de tiempo desde el archivo CSV, convierte la columna de fecha a un objeto de tipo `datetime`, agrupa los datos por mes y suma la cantidad correspondiente. Luego, genera un gráfico de línea que muestra la tendencia temporal a lo largo del año, utilizando los datos agrupados por mes.

Asegúrate de tener un archivo CSV con datos similares y ajusta el nombre del archivo (`datos_tiempo.csv`) según tu situación real antes de ejecutar este código.

Ejercicio 28:

Carga un conjunto de datos con múltiples columnas y crea nuevas columnas derivadas utilizando funciones lambda o aplicando funciones definidas por el usuario. Realiza transformaciones complejas, como normalización de datos, cálculo de ratios o combinación de información entre columnas para generar nuevos insights.

Solución:

Aquí tienes un ejemplo que carga un conjunto de datos con múltiples columnas, crea nuevas columnas derivadas utilizando funciones lambda, aplica transformaciones complejas como normalización de datos y calcula ratios:

Supongamos que tienes un archivo CSV llamado `datos_avanzados.csv` **con información de múltiples columnas:**

```python
import pandas as pd

# Cargar datos desde un archivo CSV
datos_avanzados = pd.read_csv('datos_avanzados.csv')

# Mostrar las primeras filas del DataFrame
print(datos_avanzados.head())

# Crear una nueva columna normalizando una columna existente
datos_avanzados['Columna_Normalizada'] =
datos_avanzados['Columna'] / datos_avanzados['Columna'].max()

# Crear una nueva columna derivada utilizando una función lambda
datos_avanzados['Nueva_Columna'] = datos_avanzados.apply(lambda
row: row['Columna'] * 2 if row['Otra_Columna'] > 10 else
row['Columna'] * 3, axis=1)

# Calcular un ratio entre dos columnas
datos_avanzados['Ratio'] = datos_avanzados['Columna_1'] /
datos_avanzados['Columna_2']

# Mostrar el DataFrame con las nuevas columnas
```

```python
print("\nDataFrame con columnas adicionales:")
print(datos_avanzados)
```

Este código carga los datos desde el archivo CSV y muestra las primeras filas del
DataFrame. Luego, crea una nueva columna normalizando una columna existente, genera
una nueva columna derivada utilizando una función lambda basada en una condición, y
calcula un ratio entre dos columnas existentes.

Asegúrate de tener un archivo CSV con datos similares y ajusta el nombre del archivo
(`datos_avanzados.csv`) según tu situación real antes de ejecutar este código.

Conclusiones.

En este libro, hemos explorado la versatilidad y potencia de Pandas como una herramienta fundamental en el análisis de datos. Desde la carga inicial de conjuntos de datos hasta la manipulación avanzada, hemos cubierto una amplia gama de funcionalidades que permiten a los usuarios trabajar con eficiencia en la exploración, limpieza y transformación de datos.

Pandas ha demostrado ser una biblioteca esencial para cualquier profesional o entusiasta de la ciencia de datos, brindando la capacidad de realizar análisis complejos con una sintaxis intuitiva y amigable. Desde la manipulación básica de datos hasta la creación de nuevas columnas derivadas o la imputación de valores faltantes, Pandas ofrece herramientas que facilitan el proceso de análisis y toma de decisiones basadas en datos.

A lo largo de este libro, hemos cubierto una amplia gama de temas, desde la carga inicial de datos hasta la visualización y análisis avanzado. Si bien estos temas son fundamentales, el potencial de Pandas es vasto y sigue evolucionando con el tiempo. Animamos a los lectores a explorar más allá de lo presentado aquí y a utilizar Pandas como una herramienta poderosa y adaptable en su viaje hacia el dominio del análisis de datos.